कहा उसने और हँसा

कविता संग्रह

वाणी प्रकाशन

नयी दिल्ली-110002

कहा उसने और हँसा

प्रतापराव कदम

वाणी प्रकाशन
21-ए, दरियागंज, नयी दिल्ली-110002
द्वारा प्रकाशित

प्रथम संस्करण : 2000

मूल्य : 100.00 रुपये

शब्द-संयोजक
विनायक कम्प्यूटर्स, दिल्ली-110032

नागरी प्रिंटर्स, दिल्ली-110032
द्वारा मुद्रित

KAHA USNEY AUR HANSA
(Collection of Poems)
by Pratap Rao Kadam

सीमा, कुशाग्र, विदुषी
के लिए...

क्रम

गिरा मैं 9
पुल 10
प्रेम 12
यह एक छोर 13
गलमूँछें 14
डरा आदमी 15
सांझ-बत्ती 17
गुमनाम चिट्ठियाँ 18
बेशऊर आदमी 29
ऊब 21
नेपथ्य 22
फ़िल्म निर्माता 23
लिफ़ाफ़े 25
दर्द बहुराष्ट्रीय 26
दुम 27
वही दीगर बातें ज़रूरी 28
सफलता वन-डे सीरिज़ 29
दुर्घटना : एक 30
दुर्घटना : दो 31
कमज़ोरी 32
उसे ही... वो 33
उतना ही जीवन से कटा वह 34
लड़की 36
बछड़े 37
बहस 38
सागौन 39
कश्मकश 40
देखा-देखी भौंकने वाले 41
कबाड़ा 42
चीज़ 43
हल्दी 44
नाल 45
समय यह 46
भर्तृहरि : एक 47
भतृहरि : दो 48
आँसू 49
बांस : एक 50
बांस : दो 51
कौओं के बारे में 53
निर्वासन 55
नीम 56
कावड़ 57
सपने हैं 58
दंश 59
कहा उसने और हँसा 60
भूकम्प 61
बैंडिट क्वीन 62
रुई 63
याद नहीं आये 64
दुमकटी छिपकली 66

टूटने के पहले	67	78	वास्तु-पुरुष नहीं जानता धारावी
ढोलक	69	80	दो बूढ़े
नाई	70	82	मृत्यु : एक
धोका है... धोका है	71	83	मृत्यु : दो
ठीक आधी रात	72	84	मृत्यु : तीन
भलमनसाहत	73	85	बदशक़्ल कुछ और
वृहन्नला	74	86	राम अपने-अपने
आँकड़े	75	87	समय
ज़बान	77	88	ठंडापन

गिरा मैं

गिरा मैं
पके फल सा नहीं
न ही पखेरू ने कुतर पटका
गदराया फल जान
सूखा पत्ता नहीं मैं
न पतझड़ का मौसम यह

गिरा मैं
झरने सा नहीं
न पहाड़ से ढुलकी चट्टान कोई
न आकाश में लम्बी लकीर छोड़
टूटा कोई तारा
न मोट कुएं में
छप्प से

गिरा मैं
अपने में उलझ
मकड़ी जैसे बुनते–बुनते
अपनी झोंक में अछड़ते
गिरा मैं

पुल

इन दिनों सबसे ख़तरे में है यह
दोनों छोर झल्ला रहे हैं अब
उन्हीं आँखों में उतरा पहले सन्देह
होता गया वह जैसे-जैसे पुख़्ता
वैसे ही जर्जर यह
इतना कि सामना न कर सका ज़रा भी
थपेड़ों का
मुग़ालता नहीं रहा इसे
पार करने का
जोड़े था किसी तरह
विपरीत छोरों को
लोग-बाग ज़रूर करते रहे इस्तेमाल
ज़रूरत के मुताबिक़

जब तक रहा यह
रही एक सम्भावना
बना रहा मौन संवाद
सन्देह इस्तेमाल नकारता
तना रहा विश्वास की तरह
न रहना इसका
उघाड़ गया छोरों की असलियत
कितने कटे हैं अपने से हम

जहाँ–जहाँ भी हैं पुल
जैसे भी हैं
अबेरों इन्हें
जब तक हैं ये
तभी तक है गुंजाइश

प्रेम

छिपाता हूँ
जैसे गुनाह
चींटी जैसे अन्नकण
आपद समय के लिए

बीड़ाने के बाद भी
जैसे कैरी पत्तों में
मुफ़लिस जैसे
फटी जेब में छदाम

झाँक जाता है यह फिर भी
जैसे दफ़्तर से घर आते पापा को देख
छिप जाता बालक
कहता वहीं से
मैं कहाँ हूँ ढूँढ़ो-ढूँढ़ो

ज़ाहिर करता है खुद को
छिपा–छिपा

यह एक छोर

यह एक छोर
इससे दूसरे को अन्दाजना मुश्किल
इसके और दूसरे के बीच
गठान हो सकती है उलझाव
बँधा हो सकता है भारी कुछ
किसी खूँटे से भी बँधा हो सकता है दूसरा
यह भी हो सकता है
कुछ न हो
न गठान, न उलझन, बँधा भी नहीं कहीं
पर कैसे हो सकता है
एक पूरा जीवन
कहीं बँधे उलझे बिना
इतने घुमाव, चक्करदार मोड़
जोखिम नटबाज़ीगर सी
दोनों छोरों के बीच
बँधे उलझे नहीं तो क्या किया
ऊन के पुलओवर की तरह
खुलता जाये जीवन बदर–बदर
अन्त में हासिल कुछ नहीं
ऐसा जीवन भी जिया
तो क्या जिया

गलमूँछें

अब ठाकुर से मसख़री करती हैं ये भी
आ जाती उसे छींक
दूध बाद में पीता ठाकुर
ये चिंघला देतीं पहले
ठाकुर सोता है जब
खर्राटों से हिलती हैं मूँछें
मूँछें नहीं जानती उनकी ख़ातिर
ठाकुर ने लड़ी कितनी जंग
हलाक़ किये कितने
ताव दिया कितनी बार
बना रहा ठाकुर रोबदार
हालांकि इस रुआब से
दो जून खाना भी न पक सका कभी ननकू के यहां

ठाकुर ने मूँछ का बाल रखा गिरवी
चौसर की ख़ातिर और
आजीवन रहा उसे छुड़ाने के गुंतारे में
लोग उसके पायाबन्द होने की करते चर्चा
पर चौसर पर पिटता रहा हमेशा ननकू
जिसे कोई लेना–देना नहीं
न मूँछों से न चौसर से
मूँछें जिस पर ठाकुर कभी टिका देता था नींबू
अब ननकू के बच्चे खेलते हैं उससे

डरा आदमी

बच्चे नहीं कमज़ोर इतने
उनकी आड़ में छिपाऊँ
अपना लिजलिजापन

न यह संसार इतना नश्वर
इसकी चिंता में
घुला जाये सदैव

ऐसी माटी नहीं कहीं
बीज खाती हो-जो
फोसरे बीजों को छोड़

बहता पानी चीर देता
पहाड़ का सीना
यह टेकड़ा फिर

प्रेम नहीं कपूर
उड़ जाएगा चट
आग है वह

नहीं यह सब
डर ही है मेरा
ढूँढ़ रहा आड़

तपास रहा ऐसी जगह
जहाँ से मैं
लगता रहूँ सबके साथ

मैं एक डरा आदमी
संसार बच्चे माटी प्रेम की आड़ में
छिपाता हूँ अपना डर

सांझ–बत्ती

निपूती ने कहा
कौन करेगा संझा–बत्ती हमारे बाद
और आवाज़ दूर कंदरा में खो गई
बिगड़ैल से पिता ने कहा
सुधरो कि इतना भी नहीं बचेगा
ख़रीद सको संझा–बत्ती के लिए तेल
तमाम राजे-रजवाड़े हरम
अब सिवाय खंडहर के हैं क्या
संझा-बत्ती नहीं वहाँ
साँय-साँय अंधकार डोलता है

अन्धकार में डूबे जंगल में
भटक गये को दिखती है जब कहीं
ढिबरी से फूटती रोशनी
रोशनी नहीं सिर्फ़ वह
जीवन होने का संकेत होती है

बहू ने जब ढिबरी के सिर रखी आग
माँ ने जोड़े हाथ
संझा-बत्ती ने नहीं
जीवन के

गुमनाम चिट्ठियाँ

कोसती है
निस्तेज पौरुष को सदैव
देह दी उसने
बग़ैर धड़कन के

घरघराता है यह जो
केरोसीन से चलने वाली गाड़ी की तरह
गुमनाम चिट्ठियों में
काली मंशा होती है वह
निस्तेज पौरुष की

पाने वाले की आँखों में भी
आती है हिक़ारत
झिड़क ही देता है एकबारगी वह
किसकी जाया है यह
फिर अपने को समेट बाँचता है
जैसे सार्वजनिक मूत्रालय की
दीवार पर लिखी इबारत बाँचते हैं हम
न चाहते भी

उधर निस्तेज पौरुष
लगता है ठहाका

छोड़ दिये थे उसने नाख़ून
चिट्ठी के साथ

ध्यान से सुनो यह ठहाका
लगता है न
खाँस रहा है मरीज़ कोई

बेशऊर आदमी

कीचड़ भरे रास्ते पर
सफेद पाजामे में
स्लीपर चटकाता
बेशऊर आदमी
कितना जल्दी में
और चलने की तमीज़ भी नहीं
न ही मौसम अनुसार पहनने की
स्लीपर और सफेद पाज़ामा
कहाँ जा रहा है यह
किसी परिजन से मिलने
दवाई लेने
शिकायत दर्ज़ कराने तो नहीं
कि तमाम गर्जनाओं के बीच
यही है असलियत

आप हिकारत से देख सकते हैं उसे
जैसे फ़ाइव स्टॉर होटल के रुआब में
चपर—चपर खाने की आवाज़

कभीं नहीं बनेगा वह
निबन्ध का विषय
नहीं कहेगा हिन्दी का मास्टर
लिखो चाँदनी रात में नौका विहार की तर्ज़ पर
एक बेशऊर पर

ऊब

टिफ़न से दाने गिरने
और अंकुराने के बीच का
सृजन समय नहीं यह
न किरसाण के थककर सोने-सुस्ताने
ताज़ा-दम होने के बीच का
न कैरी बीड़ाने, पाल में दुबकाने
न खटास के रस में ढलने का

समय यह बन्द कमरे में
सीलन उतरने-सा त्रासद

बजता है जब यह त्रासद समय
उँगलियाँ गिनते हैं हम फिर पोर
निकलते हैं हर बार उतने ही
फिर अपने में डूबे पड़ोसी से पूछते हैं
एक लम्बी जम्हाई लेकर
निकलता नहीं वह अपने से बाहर

डबलरोटी पर फफूंद जमने के दरम्यान
ऐसा ही होता है शायद

नेपथ्य

दृश्य का ज़रूरी हिस्सा यह
बग़ैर इसके दृश्य नहीं,
यह जो पोस्टर है हीरो का
चमचमाता खिलखिलाता
दो बल्लियों के सहारे टिका है
ये दो बल्लियां नहीं हैं दृश्य में
है फिर भी
हीरो की खिलखिलाहट में

नेपथ्य दृश्य में होना ही है
जैसे जीवन के लिए मृत्यु
सृजन के लिए बीज
ठोस के लिए द्रव
वैसे ही दृश्य के लिए नेपथ्य

जो बने रहते हैं सदैव दृश्य में,
उकताहट की हद तक
बीजों पर गिरते वे
आशंका की तरह
ओझल नहीं होते जो
बंजर अभिशाप होते हैं
पॉलिथीन थैलियों की तरह

फ़िल्म निर्माता

कृष्ण राघव के लिए

टपरों में तलाशते रहे
बिकने वाली चीज़
पीठ पर नज़र गड़ाते
उम्र आँकते कभी
फिल्म निर्माता

तुर्रा यह देंगे मौक़ा
गली-मोहल्ले-क़स्बे की
प्रतिभाओं को
तपासते चीज़

उफान पर क़स्बा
जौहर दिखाने
प्रतिभाएँ परेशान
डाँव बदल रहे थे
हँस के दिखाओ, रो कर तुरंत
दिखाओ ठगे जाने पर कैसे होंगे हक्का-बक्का
लगत में दिखा रही थी प्रतिभाएँ
नहीं थी जो चीज़
ढूंढ़ा जा रहा था जिसे
चमक आयी आँखों में
तौल लाकड़ी फिर

कला की आड़ में मिली
क़स्बाई झिझक में दबी चीज़

देर से आयी रिंगन में
जैसे रात के भयानक सन्नाटे में
ट्रक की हेडलाइट के दायरे में
सहम सिमट बैठा ख़रगोश
आ जाता है चक्के में

लिफ़ाफ़े

लिफ़ाफ़े नहीं चाहते क़तई
अख़बार बिना पढ़े
तपे-सुलगे बिना आखर
बने उससे लिफ़ाफ़े
तहाये जाये अख़बार अलमारी में
बाँधे जाये उनमें लांड्री के कपड़े

झल्लाते हैं लिफ़ाफ़े गुस्साते हैं
अपने होने पर
कनखियों से देखते हैं
पॉलिथीन थैलियों को
मुई ये हैं तो
नष्ट हो जाये चाहे दुनिया
नष्ट नहीं होती यह

लिफ़ाफ़े समझते हैं सब
बचाना चाहते हैं नष्ट होती दुनिया
उघारना चाहते हैं षड्यंत्र
जो अख़बार को सीधे बनता है लिफ़ाफ़े

जान-बूझकर इसलिए लिफ़ाफ़े
पंसारी चीज़ें रखता है जब
फट जाते हैं चरर...
गुस्साते हैं झल्लाते हैं लिफ़ाफ़े
अपने होने पर

दर्द बहुराष्ट्रीय

पंच सितारा होटल के पास
ऐन चौराहे
एक बैलगाड़ी फँस गयी ट्रॉफ़िक में
चारों ओर भयानक शोर
ट्रॉफ़िक-मैन को सूझ नहीं रहा
बजाये जा रहा वह बेतहाशा सीटी
कभी लम्बी सीटी मारता
कभी हवा निकल जाती बस

बैल जो ज़रा पिरानी टोंचते ही
करते थे हवा से बात
पोंकने-पोंकने को हैं अब

रूआँसा है गाड़ीवान
रस्सी खींचता मारता बेमुरव्वत
बैल की आँखों में अज़ीब ख़ौफ़

पंच सितारा होटल की बालकनी में
जमा हो गये हैं विशिष्ट
शोर में शामिल हो रही उनके
खिलखिलाने की आवाज़

लगा मुझे यह चौराहे की नहीं
देश के बहुराष्ट्रीय दर्द की बात है

दुम

लिहाज़ के लिहाफ़ में
हाँ-हाँ कहना
दुम भाव ही है
ज़रूरी नहीं सदैव
हिलती नज़र आये

समय-असमय इसलिए
टटोल ही लेना चाहिए
कहीं निकल न आयी हो दुम
जहां असहमत हुए
कहना चाहिए 'ना'
कि जनाब ग़लत हैं आप
कि झाँक रहे हैं आपकी कविता की आँख में
लाल डोरे

वही दीगर बातें ज़रूरी

साहब ने जब कहा
कविता टाइप करना है
तो टाइप करने के अलावा
प्रशंसा भी करनी थी उसे

इन दिनों ऐसा ही है
मूल बातों से
दीगर बातें ज़्यादा ज़रूरी हैं
हो रहा है जैसा
इस बाज़ार समय में
चीज़ें घटिया—घटिया बेहद
रैपर—विज्ञापन में चमक—चमक
अंदर से ख़ाली-ख़ाली, बाहर से दमक-दमक
वही दीगर बातें ज़रूरी

सफलता वन–डे सीरिज़

तैयारी नहीं
चयन करना है मुझे
किसी एक सफलता सीरीज़ का
बीतते-बीतते इस सदी को
यह बाज़ार पोत रहा है कालिख
अध्ययन–अध्यापन के क्षेत्र में

भर रहा तात्कालिकता
पेपर नैपकीन की तरह तैयार माल
सिंथेटिक सौंदर्य बिखेरते प्रसाधन सा
हरेक ट्यूब में पचास ग्राम
इस्तेमाल और कूड़ेदान
अगले बरस कुछ और होंगे नुस्ख़े
साधना, समझ, मौलिकता से परे
एडम स्मिथ हों या अमर्त्य सेन
निराला की साहित्य साधना
रंगनाथ के लायब्रेरी सूत्रों से बाहर
पाठ्यक्रम की गलियों से रास्ता निकालती

एक बोन्साई खिलखिलाहट
औसत को छूती किसी तरह
छाँटो–बीनो हर माल मिलेगा चार आना
सफलता फटाफट पूत
कचेरी नहीं चढ़ते कोशिश करते
गिर पड़ते

दुर्घटना : एक

कहते हैं
सावधानी में कसर हो तो
घटती है यह
उसे क्या कहेंगे
जो दुर्घटना बेहद सावधानी से
हमें ओढ़ा दी गयी

जैसे भारतीय मेमने को पहले
विश्वस्तर का बताया
सहलाया उसका गोश्त
फिर भाँजते स्वार्थ
घर में घुसाड़ दिया बाज़ार
ठीक उसी सावधानी से
जिस सावधानी से जमायी गयी थीं
जातीयता की परतें

पैदा होते ही फुसफसा दिया था कान में
हम किस तरह अलग हैं पड़ोसी से
बेहद सावधानी से रंगों को भी
किया था बदरंग
पृथ्वी को
बाँट दिया सफ़ेद-काले चकत्तों में
फ़ुटबॉल की तरह
सावधानी से
क्या कहेंगे इसे

दुर्घटना : दो

उस दिन/सावधानी के घोड़े की लग़ाम/वाक़ई
हाथ से छूट गयी/दफ़्तर से मित्र का फ़ोन आया/
आज कुपोषित बच्चों को/चम्मच से दूध पिलाने की इच्छा है
सब अधीनस्थ भी इसी में लगे हैं
बाज़ार बंद है/सेठ दुकान बंद कर
केतली ले-लेकर दौड़ रहे हैं/झुग्गी-झोपड़ी की ओर
कुपोषित बच्चों को दूध पिलाने
बच्चे बहुत धीरे-धीरे दूध पी रहे हैं/
शुद्ध दूध है जिनकी उन्हें आदत नहीं है
देखते ही देखते दोपहर की न्यूज़ में यह समाचार था
इससे भी एक क़दम आगे कि
अमीर देश हथियारों की बजाये
गरीब देशों को दूध भरे टैंकर भेज रहे हैं
उनकी आँखों में पश्चात्ताप है
गाय-भैंस एक दूसरे को हरयाई आँखों से देख रही हैं

कमज़ोरी

उसने कहा मैं तुममें
कोई कमज़ोरी नहीं चाहती
कमज़ोरी ही थी मेरी वह
सिहर गया मैं
उसकी बात सुनकर

जैसे आम के साथ गुठली होती है
और केले के साथ छिलका
बीज होता है नींबू के साथ
वैसा ही हूँ मैं
अपनी कमज़ोरियों के साथ आदमी
रहना भी चाहता हूँ यही

उसे ही वो

यह गुणवत्ता की नहीं
दो उत्पादकों की लड़ाई है
लड़ी जा रही यह विज्ञापन के मार्फ़त
अपनी श्रेष्ठता जानते हैं वे
मंगलू भर नहीं जानता
उसे ही रिझा रहे हैं वो

यह सिद्धान्तों की नहीं
दो नेताओं की लड़ाई है
आदर्श तो बहाना है
नज़र मंगलू पर है केवल
उसे ही बरगला रहे हैं वो

दो कवियों की लड़ाई है यह
विज्ञापन प्रोडक्शन से अलहदा लगती है
इतनी अलग है उनसे
मंगलू यहां कविता के केंद्र में लगता है
पर कवियों की नज़र सम्मान पर है
उसे ही जमा रहे हैं वो...

उतना ही जीवन से कटा वह

कहा उसे तुअर दाल लाने को
ले आया वह चने की
झिड़की के सच के अलावा
सच यह भी कि नहीं जानता वह चने-तुअर का फ़र्क़
जीवन से वह उतना ही कटा
जितना नहीं जानता वह फ़र्क़
यानी नहीं जानता वह तुअर-काठी को
खरेटे को भी नहीं
बुहारना तो दूर
कि कैसे चूल्हा सुलगा लेती थी माँ
बिना घासलेट तुअर-काठी से

अश्व-शक्ति से भी है वह खालिस अपरिचित
तमाम शक्ति विज्ञापनों के बावजूद
घोड़े आज भी चने ही पसंद करते हैं
कि तीफन से बोते हैं चने
कि बोवनी के बखत किसान को जक नहीं होती
कि छोड़ पर ऐसे लहकते हैं चने
घेटियों भीतर-जैसे गाय के थानों में दूध
कि तापड़ी तापते पूस रात में
इन चनों का नमक तैरता है होंठों पर
कितना कुछ नहीं जानता वह
चने-तुअर दाल के अलावा

बस लिखता है कविता
जीवन से कटा-कटा

जितना नहीं जानता वह
उतना ही कटा जीवन से वह

लड़की

लड़की नहीं
पृथ्वी है
शांत ऊपर से
भीतर धधकती
घूमती कील पर
आगे बढ़ती निश्चित दिशा
जितना बढ़ती आगे
घूमती उतना ही कील पर

उष्ण कटिबंध की बात करें
खिरा देती थोड़ी बर्फ़
तब ही उत्तर-दक्षिण ध्रुव से

काँपती फिर
अपने ही भय से

रिक्टटर स्केल पर
दर्ज़ नहीं हो पाता
यह कंपन

बछड़े

एक बड़े मकसद से जुटे थे हम
मैं पूरी जोश-ख़रोश शिद्दत से साथ था

जाने क्या हुआ
तुम्हारे हाथों में सीटी आ गयी
और हम बछड़ों जैसे लड़ने लगे

मकसद तो दूर
तटस्थ रेफ़री भी न बन सके तुम

एक बछड़े में मकसद का ज़ोर था
दूसरे में संगठन का ढकोसला
सीटी भी जब देखो तब बज रही थी
न बछड़े क़ायदा मान रहे थे न तुम

देखते ही देखते
मकसद सत्ता में बदल गया
और बछड़े लड़ ही रहे हैं

बहस

जानवर और आदमी में बहस छिड़ी
आदमी ने कहा
नहीं होतीं जानवर के हाथ अंगुलियां
गर होती भी हैं तो
बजा नहीं सकता वह सितार
हँस नहीं सकता
मुस्कुरा तो कतई नहीं
कुछ ज्यादा ही हेठी होने लगी
जानवरों की
तो एक ने तमक कर कहा
हमारी दुम पर रखो पांव
तो आता है गुस्सा हमें
गुस्से की ही तरह

और यहाँ तमाम आदमी निरुत्तर थे

सागौन

बीज में नहीं थी
न कोख में थी
न उस हवा में
जो आदिवासी साँस और
उनमें रिश्ता बनाती है
न उस पानी में
फैला है जो रेश–रेशे
उस धूप में क़तई नहीं
अपने होने को गुनगुनाया जिसमें
फिर इस सागौन में
कहाँ से आ गयी गाँठ
छुपायी नहीं इसने भी
वह देखो साफ़ नज़र आती है
तने पर है कूबड़ सी

छुपाओ तो टीसती है
नहीं तो
हँसती है निश्छल
आदिवासी हँसी।

कश्मकश

एक लम्बे सफर के बाद
पाते हैं अरे
यह रास्ता मेरा नहीं
हमक़दम सा झाँकता है अजनबी
बहुत नज़दीक का कोई
करता हलकट बात
आँखों में सन्देह उतरे, पेश्तर इसके
कहता वह कितना जानते हो तुम मुझे

घर समझते थे जिसे
लगता है अचानक
कमरा है यह
तमाम ज़रूरतों से भरा

अचकचा कर झाँकते हैं
भीतर अपने
बुदबुदाते हैं
यहाँ भी कोई दूसरा है बैठा

देखा-देखी भौंकने वाले

जब सब भौंक रहे हो एक साथ
तब अंदाजना मुश्किल है
कौन आक्रोश से और
कौन देखा-देखी भौंक रहा है

देखा-देखी भौंकेंगे ऐसा
लगेगा सच्चा आक्रोश फ़ीका
कर जायेंगे देखते ही देखते
सच्चे आक्रोश में छेद वे
हो जायेंगे फिर उस तरफ़
भौंक रहे थे जिसके ख़िलाफ़

ऐसा समझबूझ-कर करेंगे
देखा-देखी भौंकने वाले

कबाड़ा

कितना कुछ
रखा सम्हाल
बहा देना था कितना कुछ

करकट इतिहास का
ढकोसले कैसे—कैसे
मजबूरियाँ जतन से
परम्पराओं के नाम पर

क़ैद हुए
जिसे हमने अपनी पहचान कहा
टांड पर रखा भय
और पूजने लगे उसे

यह सब अब
इकट्ठा हो गया इतना
कि घर में ही नहीं है जगह
हमारे लिए

चीज़

चीज़ें गिर रही हैं लगातार
अटे पड़े हैं घर
भंडार गृह में बदलते
प्रेम के लिए भी नहीं है जगह

लोग-बाग कहीं नहीं
बस नज़र आ रही हैं चीज़ें

नींद में सपने नहीं
चीज़ें आती हैं
दौड़ में पीछे छूट रहा है
कितना कुछ
दोस्त, नाते रिश्ते, नीम-गांव
जिनके बिना हम हैं क्या
सिवाय चीज़ के

हल्दी

वैश्वीकरण के बारे में नहीं जानते बाबा
न शुद्ध रक्त आर्य के बारे में
फिर भी कहते हल्दी निरोगी होती है
रक्त शुद्ध करने वाली
हड्डी के दर्द पर
चूना मिला बांध दो
दर्द हो जाएगा छू-मंतर

पुश्तों से चली आ रही यह
हमारे संग-संग
विवाह बेदी से मृत्यु शैया तक
कुरेदो विस्थापित होने जा रहे ननकू को
कहेगा एक ही साध बस
उजड़ने से पहले
हल्दी लग जाए बिटिया के हाथ

चाह दीवार छत को
घर की शक्ल दी
बाबा ने फिर कहा
नज़र न लगे बाँध दे दरवाज़े पर
हल्दी की गांठ, नींबू, लाल मिर्च
क्या मालूम है बाबा को
विश्व व्यापार संगठन की नज़र
आजकल हल्दी पर है

नाल

श्रम से डरता है अपशकुन
लोहार ने तपाया लोह टुकड़ा
लालचट
आकार दिया उसे फिर
मिट्टी के चूल्हे सा
तारकोल की सड़क पर
घोड़ो के पैर में यों चमकता
यह टुकड़ा
जैसे पसीना चमकता है
भाल पर

डरता है अपशकुन इस चमक से
ठोकी जाती यह जो दरवज्जे बीच
बिदकता शनि इससे
करता दूर से सलाम
हिनहिनाता है घोड़ा
फड़कती लोहार हाथ मछलियाँ

श्रम से बिदकते मुए ये सब
वरना इस लोह टुकड़े में धरा क्या है

समय यह

खटारा सायकिल
और चढ़ाई यह
कुत्ता भी मरघिल्ला
बटका भरने लग गया पीछे
दुत्कारूँ बचूँ कुत्ते से
मारूँ ज़ोर से पैडल
उफ़ चढ़ाई यह

कुत्ता समय यह
सायकिल विचार
जोश-ख़रोश नापती यह चढ़ाई

फांदते ही टीला
हिलाता है दुम समय
बजती नहीं तालियाँ कहीं

भर्तृहरि : एक

जो टीले पर ही बैठ
घुलना चाहेगा लोक में
धुतकारा जाएगा हुस्ट
रुआब से बिदकता है लोक
घुसने नहीं देता
न जीवन में न गीतों में
जो टीला छोड़
आते हैं नंगे पैर लोक की ओर
हाथों-हाथ लपक लिये जाते हैं
लोक जीवन ही नहीं
लोक-गीतों में भी गुनगुनाये जाते हैं

भतृहरि : दो

रहती है जिसके हाथ
घोड़े की रास
फल आता ही है
उसके पास

पर घोड़त्व से हटते नहीं घोड़े
रत्ती भर
और उजागर होता है स्वांग

आँसू

सदियों से बहाया जा रहा है इन्हें
और दुनिया बदली नहीं अब तक
ज़ाहिर है हाथों का काम नहीं कर सकते आँसू
वो देखा किसान ने
मोड़ दिया पानी खेत में
बड़े–बड़े ढेले घुलने लगे
बे-आवाज़

बाँस : एक

कैसी उलटबाँसी है
बांसुरी बनती जिससे
लाठी भी उसी से
एक बांधती सात सुर
दूसरी मरी जाती
साबित करने जातीय श्रेष्ठता
करती क़वायद भाँजती
साबित करती यही
मुई पड़ी है जहाँ की तहाँ
करती क़वायद

बांस : दो

अंकुर नहीं
आँख खोली है
बाँस बीज ने
करने ज्ञापित कृतज्ञता
कहाँ हो तुम
ढूँढ़ रही है तुम्हें
अंखुआई

कैसे सोचा तुमने
सूपड़े के बारे में
निकालते खप्पचियाँ
तुमने बनाया नहीं अबकी
टोकरी खिड़ा टट्टा
बनाया सूपड़ा
क्या सोचा तुमने
मरी पीढ़ियाँ तमाम
ढूंढ़तीं ख़ामियाँ
दूसरों की खामियों में
अपनी जातीय श्रेष्ठता
गुर्राती लगाती ठहाका
कितना नक़ली है यह ठहाका

सूपड़े की तरह भी तो
हो सकता है जीवन

सूपड़ा नहीं बुना तुमने
निकाला जंजाल बाहर

कहाँ हो तुम
अंकुर नहीं आँख खोली है
बांस-बीज ने
करने ज्ञापित कृतज्ञता

कौओं के बारे में

मुझे अपनी राय खुद ही क़ायम करनी है
अब देखो कौवे के बारे में
पहले मुझे कहा दुष्ट है वो
आँख उसकी इसलिए फूटी
चोच मारी थी उसने बिछिया में
नाराज हो उसकी आँख में टोंच दिया था तीर
कहा मुझे फिर कौवे के भाग्य को सराहते
काग के भाग बड़े सजनी और यह भी
कि मुँडेर पर कौवों के कगियाने से
आते हैं दूर-दूर के नाते रिश्तेदार
शगुन होता है यह
मैं कोई राय क़ायम करता
तभी यह कहा
मार दे कौवा चोंच तो
अपशगुन होता है यह महा-अपशगुन
बचने के लिए इससे भेजी जाती है चिट्ठी
नाते–रिश्तेदारों में मरने की अपने
वे रोते हैं जैसे-जैसे
वैसे छटता जाता है अपशगुन
फिर यही कौवे
पिंडदान पर बन जाते हैं पितर

अब आप ही बताइये
इस ढुलमुल में कैसे पहुंचा जा सकता है
किसी एक जगह
मुझे अपनी राय खुद ही क़ायम करनी है

निर्वासन

बिछड़ रहे हैं ख़ुद से
और पास पड़ी देह को ख़बर तक नहीं

गूँजती है एक गिरती हुई चीख़
कोई कान नहीं धरता
मशगूल सब आहिस्ता-आहिस्ता
अलग होते अपने से

चीख़ का सिरा कोई
छू जाता लापरवाह देह से
जम्हाई ले कुनमुनाते
टटोलने जैसा करते कुछ
आश्वस्त हो बिला जाते फिर

रेशा-रेशा निर्वासन
समझ नहीं पाते
सफर के इस मोड़ पर
जिसके लिए है यह तामझाम
रास्ते में वह छूट गया कहीं

नीम

नीम ने कहा
तुम तो कहते थे
नीम की आड़ है निमाड़*
मालूम है मेरा पेटेंट वहाँ है
सात समंदर पार

किसान ने सुना तो
गन्नाटी खा गिर पड़ा
दौड़ते घोड़े की नाल
निकल दूर जा गिरी
लँगड़ाते वह बैठ गया धप्प
बैलगाड़ी के पहिये का
लोह-पाट फिकाया दूर और
गाड़ी बैल इधर
बाँधी जाती थी नाव
जिस खूंटे से
निकल ही गया वह
नाव फिर मँझधार
पर महाजन
पोथी में लिखते हँस क्यों रहा है

---

* निमाड़ : म. प्र. का एक अंचल जिसका नाम नीम के पेड़ों की बहुतायत के कारण निमाड़ पड़ा।

कावड़

मेरे न चाहते भी
एक काँवड़ है
मेरे काँधे पर

दूर कुएँ से जिसमें
जीवन जल नहीं लाना है मुझे
बस्ती के लिए

न पलड़ों में हैं माता-पिता
न उनका मोक्ष दुरुस्त करना है मुझे
कावड़ के दोनों पलड़ों पर
ढेर सारे धर्म-ग्रन्थ हैं
बहीखातों के ऊपर-ऊपर
जिनके रहते मुझे
चढ़ना है यह टीला
देखनी नहीं हैं मुझे
बहुराष्ट्रीय कारस्तानियाँ
विज्ञापनों में दबा सच
असमय बुढ़ाते बच्चे
वृद्ध आश्रम में क़ैद बूढ़े

चीख़ता हूँ मैं
चार क़दम सूरज की ओर
शोर में दब जाती है चीख मेरी

सपने हैं

सिलबट्टे पर
सपने हैं
चकला-बेलन के बीच
आकार पाने को आतुर
सपने हैं
अदन रखे में
सीजने को हैं सपने
पकने और परोसे जाने के पहले
उचट जाती है नींद सदैव

दंश

पेड़ जाने को होते हैं
जंगल की ओर

आखर पोथियों की जमात
सफ़ह का क़ायदा तोड़
आना चाहते हैं ज़मीन पर

यात्राएँ शिखर खोह से निकल
लौटने को होती है
जड़ों की ओर
तपासते कोर-क़सर

देख इसे
ठिठक जाते हैं

लोक-कथाओं की तमाम हिदायतें नकारते
बनी रही मुझमें सदैव ईर्ष्या
कुंडली मारे
डसती मुझे

कहा उसने और हँसा

कहा उसने और हँसा... हँसा कि
पागल होती हैं भैंस
पाड़ा मरा
ग्वाले ने भूस भर खड़ा कर दिया
भैंस देखती है और
छोड़ देती है पाना

कहा उसने और हँसा... हँसा कि
दो घर छोड़ मरी जो डोकरी
सिरहाने उसके पुट्टल में
मिले पाँच सौ तीस रुपये
न खाया न पिया न दवा-दारू
बचा रखे सोचा उसने
बाँस खरीदने लकड़ी-कपड़ा
क्यों दूँ बोझ पड़ोसी को

कहा उसने और हँसा... हँसा कि
सत्तावन के ब्रिज बाबू
मरना ही चाहते थे इसलिए मरे
अब डाँह-डाँह भटकते बड़के को
मिल ही जायेगी अनुकम्पा
कहा उसने और...

भूस भरे पाड़े की आँख पनीली हो गयी

भूकम्प

सूरज से यह अलग हुई
धधकती
हमारे लिए
ठंडी हुई अहिस्ता
पर्वत बने
जिनसे निकलीं नदियाँ
हमारे लिए ही

जंगल बने
हुई झटा-झूम बारिश
बीज में पेड़ ने ली करवट
हमारे लिए
हमने फिर
न पर्वतों को पर्वत रहने दिया
न नदियों को नदी
जंगल सिमट क़ैद हुए नक़्शों में
और बारिश कभी-कभार
इसी वजह
ग़ुस्से से कांपती है वह

बैंडिट क्वीन

फूलन-फूलन
मिमियाते आता है
बकरी का बच्चा
नियंता की आंखों में आती है चमक
तौलता है
नरम लुच्च गोश्त हड्डी काठी
हट झटका नहीं
हलाल आहिस्ते ताउम्र

नियंता भागता है घाट से
लोटा-डोरी छोड़
अपनी पुश्तैनी हिंसक चमक
भरसक छुपाये
मेमना मिमियाता नहीं
गुर्राता है जो

नियंता इतिहास से शर्माता नहीं
बटोरता निर्लज्जता लौटता है
और मेमना भी गुर्राता नहीं सिर्फ़

टेलीप्रिंटर पर उभरती है इबारत
बेहमई में बीस ढेर हो गये

रुई

धुनता नहीं पिंजारा
रुई ही धुनती अपना सिर
नहीं सीखा इसने
सफ़ेदी बटोरते
काली मिट्टी कपास खेतों से
जीनिंग प्रेसिंग मील में

गर्द बीच खाँसते
नहीं सीखा
रुई भी कर देती इंकार
एक सीमा तक दबने के बाद
अँगूठे अंगुल बीच रख दबाओ तो
हो जाती सख़्त एकदम

नहीं सीखा इससे
धुनता नहीं पिंजारा
रुई ही धुनती अपना सिर

याद नहीं आये

जूते पहन
ज़मीन से दो इंच ऊपर हो गया
याद रहा मुझे
जूता कंपनी का नाम
जूतों की चर्र-चूँ के बीच
नहीं आया याद
ढोरों के मरने पर
कौन आता वो बदहाल
चार-आठ आना और
लाद ले जाता ठेले पर
उतार ख़ाल केहू की छाल धोल
टाँग देता ख़ाल
चमड़ा पकने-बिकने में
देखता हफ़्ता पन्द्रह दिन की जुगत
नहीं आया ख़याल तक
जो तले की जगह ठुका था

खोसते शर्ट-पैंट भीतर
चमक आयी आँखों में
शूटिंग-शर्टिंग की
नहीं आये याद तब भी
निमाड़ की काली मिट्टी कपास के खेत
घेटों से सफ़ेदी बटोरते दाड़क्या

शहर की नींद में घुसती
कपास-लदी बैलगाड़ी
हँसते दलाल सीवन उधड़े किसान
सलवटें देख
नहीं याद आया धोबी
नग्नता देख दर्ज़ी
न ज़ुल्फ काढ़ते अमराई
न आबना का किनारा
न जमाल उतारता
बारदान पर उकड़ूँ बैठा नाई

याद रहे बस मुझे
इश्तेहार और इश्तेहार
खटे-खुटते
मेरी गली-मोहल्ले-क़स्बे के लोग
याद नहीं आये मुझे

दुमकटी छिपकली

दुमकटी छिपकली
क्या सोचती है
अपनी कटी दुम के बारे में

सोचती हो
कट जाये सबकी दुम
या करती हो प्रचार
वह विशिष्ट है
क्योंकि तमाम दुमवालियों में
वही है दुमकटी
कहीं उसने वह लोककथा तो नहीं सुनी
जिसमें पड़ोसी की दोनों आँखें फूटें
इसलिए फुड़वा ली थी उसने एक आँख
बन गया काना
और यह दुमकटी
या हो बेख़बर सबसे
अपने अभिजात्य बोध में डूबी

टूटने के पहले

चाय पीने के बाद
फेंक तोड़ दिया कुल्हड़
पिपरिया रेल्वे स्टेशन पर

किस माटी का होगा यह कुल्हड़
कुल्हड़ों में भी है क्या
कि लाल मिट्टी का बना कुल्हड़ कहें
वही है बेहतर काली मिट्टी के कुल्हड़ से

कुम्हार ने लादी माटी गधे पर
लादा अपनी बीड़ी-काड़ी का ख़र्च
पिता की खांसी की दवा
झोपड़े का किराया
स्कूल भेज न सका जिस बच्ची को
पेम-पट्टी उसकी
रोते झींकते किसी तरह
महीने-पन्द्रह दिन का बन्दोबस्त
गधे ने दौड़ लगायी होगी
इस खेप के बाद उसे
ज़रूर मिलेगी हरी घास

कुम्हार ने आकार दिया लोंदे को
घुमाया चक्का इस तेज़ी से

जैसे उसी तेज़ी से आयेगी उसके पास
बीड़ी-काड़ी, दवा, पेम-पट्टी बच्चों की
टूटने के पहले कुल्हड़ के
क्या आ गयी होंगी सारी चीज़ें
कुम्हार के पास

कुल्हड़ में चाय देने के पहले
चाय वाले की दुनियादारी ने
रखवा लिये थे मुझसे पैसे

कितनों ने डुबाये होंगे
पी होगी चाय तोड़े होंगे कुल्हड़
पैसे देने की बजाय
दिखाया होगा कुद्दा
तब आयी होगी यह दुनियादारी

टूटने के पहले कुल्हड़ ने
लगाया होगा प्रश्नचिह्न
इस दुनियादारी पर

मुझे भी निपटाने हैं कई काम
टूटने के पहले
टूटकर भी

ढोलक

जितना बड़ा ढोल
उतनी बड़ी पोल से अलहदा
इस तरह भी देखा जा सकता है इसे
कि मरने के बाद भी
बचा रहता है कुछ

बजा करता है जो
ज़रा थपियाते
बोल पड़ता है
राजा के बड़े-बड़े सींग
राजा के बड़े-बड़े सींग

नाई

ओटला है उससे कुछ ऊपर
नीम के तने से लटकता
धुँधला काँच है एक
पहचाना जा सकता है जिसमें चेहरा

टीन का एक छोटा-सा बक्सा
उसमें है बेतरतीब लापरवाह को
कांट-छांट दुरुस्त करने के औज़ार
कैंची है बोथरी कुछ-कुछ
धड़ से लिपटे गमछे पर जो
बिखरा देती है बाल
उस्तरा है
गाल से इतना सट कर चला हुआ कि
चेचक के गड्ढों में भी महसूस होता है
एल्युमिनियम की कटोरी में झाग है
जिससे गुजरकर निखरता है चेहरा
गुम्मढ़दार झुर्रीदार पका हुआ भी
बारदान है जो दरी-सा बिछा है
ओटले के उधर बैठे हैं कुछ लोग
अपनी बारी के इंतज़ार में
खैनी बीड़ी आपस में सुलग बांटते-बतियाते

आदिम और इस युग के द्वार पर बैठा वह
एक-एक को झाड़-पोंछ कर
दाख़िला देता हुआ

धोका है... धोका है

झूठन खा-खा उकता गये कौवे
सोचा मरे कोई जानवर बड़ा
रहे माह-दो माह चक्क

भैंसे थीं कुछ
अपने आप में मगन
गर्मी से परेशान
उतर गईं धीरे-से नदी में
पड़ी रहीं कुछ देर निश्चेष्ट
देने लगे कौवे एक-दूसरे को बधाई

थोड़ी देर बाद निकल आयी भैंसें
फटकारती दुम हिलाती कान

इधर कौवे
मचाने लगे शोर
धोका है... धोका है

ठीक आधी रात

नींद में जैसे आते हैं सपने
आती है कपास-लदी गाड़ी गाँव से
बैल की चाल गाड़ीवान की टिटकारी
गजब तालमेल
पिछड़ जाता कभी-कभी
पीछे आता किसान सतर्क
सतर्क मार न दे टोंच कोई सपने में
पोर्‍या मोहल्ले के बाचके को छू भी नहीं पाते
चिल्लाता किसान अरे पोर्‍या
हर्षाता किसान जैसे सम्हाल लिया उसने
बिटिया का ब्याह सूद पंसारी का
मूल भी कम हुआ कुछ
पर मंडी में सम्हाल नहीं पाता वह
न चिल्लाता है तौल-कांटे पर
न रुपये के आठ आना भाव सुन
न नकद की जगह कटी-चिंदी* ले

गाड़ी लौटती चुपचाप
न बैल की चाल में लचक
न टिटकारी में जोश
बस उचट जाती है नींद
ठीक आधी रात

---

* कटी चिंदी : खरीदार व्यापारी नकद राशि नहीं देता, रसीद देता है जिसके आधार पर दूसरा व्यापरी भारी कमीशन ले भुगतान करता है।

भलमनसाहत

तटस्थ दूरी से भी
देखना चाहिए कभी
घटना सम्बन्ध चीज़ों को
तो कोयल की कूक से
मिठास नहीं झांकेगी
झांकेगी धूर्त्तता
कैसे वह अपने अंडे
छोड़ आती कौवे के घोंसले
और कौवे के कगियाने में
सुनायी देगी बेचारगी

नहीं-नहीं भलमनसाहत

वृहन्नला

एक लम्बी सुनसान सड़क
न पेड़ न मदरसा
दोस्त नाते-रिश्ते घोसलें-पक्षी
दूर तक नहीं
गोबर-गेरू-चूने पुती
बरसों पुरानी मिट्टी के दीवार से चेहरे
खिरने को हैं जिससे पपड़ियाँ

हथेलियाँ टकरातीं आपस में जब उठता पीछे ठहाका
मटकती कमर सप्रयास जब
उठता पीछे ठहाका
छिप जाती ठहाके में कातर आवाज़
बाप-दादा न सासरा
आप ही का आसरा

खिड़े से पस भर फिर
भिंडी, तुरई, गँवारफली
ढेर सारी सलामती दुआ के साथ
रुकता नहीं पर ठहाका बेवजह
जैसे बेवजह यह सब

हमारे अर्जुन
उनकी व्यथा में नहीं बसते
उनकी आड़ ले बचते हैं

आँकड़े

हँसता है ठूँठ
देखो यह झूठ
झरते हैं आँकड़े
खड़े हो जाते सीना तान
कुएँ खोदते नलकूप
सड़क बनाते
पाठशाला अस्पताल में बढ़ाते सुविधा
खूब धींग-मस्ती करते फ़ाइलों पर
रसोई गैस के घटे दाम बताते और
फगरू को जलाऊ लकड़ी के साथ
पकड़ता है वनकर्मी
गये साल इतने पेड़ कटे हरे
इस बरस इतने
आरा मशीन में कटती ढेरों इमारती लकड़ियाँ
बाँध पानी फेर देता सैकड़ों एकड़ जंगल पर
एवज़ी वन लगाया जायेगा बताते हैं आँकड़े
विकास का देना ही होता है हर्ज़ाना
भले ही फगरू ही दे हमेशा
मुआवज़ों के आँकड़े दबोचते हैं फिर
उछलते आँकड़े चिल्लाते हैं ग्लोबल विलेज
इस विलेज में फगरू को अपना गाँव नज़र नहीं आता

एक साइनबोर्ड ज़रूर चमकता है
उसकी अपनी टोन में बरगलाते
तने थ्रस्टी लगी है ले पेप्सी पी
आँकड़े हर गाँव में हालांकि
पेयजल पहले ही पहुँचा चुके थे

ज़बान

न जाने किस कमज़ोर क्षण में
कहाँ रहना चाहिए आदमी को
बत्तीस दाँतों के बीच रहती है
ज़बान जिस तरह
तभी से बना एक समझौता-परस्त
रीढ़-हीन माहौल
पर जब भी आयी
सख़्ती इसमें कहा
देखो कितना ज़ुबान चलाती है
कतरनी माफ़िक़

वास्तु–पुरुष नहीं जानता धारावी

वास्तुशास्त्री कहते हैं
धरा पर लेटा है वास्तु-पुरुष
शयनकक्ष इसलिए होना चाहिए यहाँ
स्नानागार यहाँ
रसोई आग्नेय कोण में ज़रूर
तमाम महल हवेली कोठियाँ
बनी शास्त्रानुसार
समृद्धिशास्त्र का गहरा सम्बन्ध
कहते हैं वास्तुशास्त्री

लगा मुझे अधूरी बात है यह
एक जैसी स्थिति में लेटेगा कोई कब तक
करवट तो लेगा ही तब ही तो
कभी के महल खंडहर अबके
हवेली कोठियाँ भूतियाँ अब
अपने ही वीराने से डरती-डरती सी
चमगादड़ों की चीक-चीक ही
आबाद किये किसी तरह

वास्तु-पुरुष सोया क्या उसी तरह
फुटपाथ पर जैसे सोते हैं लोग
ट्रेन गुज़रती है जब धड़धड़ाती
पटले से गिरते बरतन

तब आँख ज़रूर खोलता होगा
वास्तु-पुरुष

विस्थापितों के बारे में क्या सोचता है
वास्तु-पुरुष
घर पर जिनके फिर गया पानी
न स्नानागार बचा न शयनकक्ष
रसोई तक को बख़्शा नहीं
बस मुआवज़ा राशि बांटते अफ़सर के
चेहरे पर
ही नहीं था पानी

वास्तु-पुरुष क्या जानता है
धारावी या मेरे शहर की
ज़बरन कॉलोनी के बारे में

दो बूढ़े

चौराहे पार

ढलान पर
दो बूढ़े
बतियाते हैं

एक प्रतीक्षा में है

कब झाड़ दिया जायेगा उसे
सिगरेट की राख की तरह
ऐश-ट्रे में
दूसरा हँसा ठठाकर
राख... ऐश-ट्रे
अरे पिपरमेंट है यह
मैं ही चूसूँगा इसे
ख़त्म करूँगा मैं ही

मुझे एक बूढ़ा
चौक में गड़ा
शिलालेख नज़र आया
अंकित है जिस पर
राजा की मृत्युतिथि
जो प्रमाणित करती है बार-बार

नहीं है राजा
मर गया है राजा
और दूसरे बूढ़े में
नज़र आया किसान
जो बीज के साथ बिखर रहा था
उग रहा था
हँस रहा था
लहराती फ़सल के साथ

मृत्यु : एक

ब्रह्मांड में पृथ्वी पर ही है जीवन / और मृत्यु भी
प्याज़ के छिलकों की भांति
प्रेम है पृथ्वी पर
उसी से है पृथ्वी... पृथ्वी
सन्नाटे में तब्दील होने से बची

ढेर सारी जातीय स्मृतियाँ हैं
जुड़े हैं जिससे नवाब राजे-महाराजे युद्ध
ख़्वामख़्वाह के अहंकार / अहंकार को हवा देते ग्रन्थ
भय में अपने होने को बाँचते
गुर्राते अट्टहास करते

जो प्रेम न होता / फलों में स्वाद की तरह
गूँजता अट्टहास दसियों दिशा
किसान हाथ रुक जाते ऐन बोवनी के बखत
पृथ्वी बीज चुराती
कुम्हार चक्के पर मिट्टी को आकार देते ठिठकता
न होता जीवन पृथ्वी पर
अलग न होता दर्ज़ा इसका अन्य ग्रहों से
सन्नाटा तोड़ता सन्नाटा
मृत्यु सन्नाटे का ही दूसरा नाम है

पृथ्वी पर जीवन है केवल
मृत्यु तो सब ग्रहों पर है

मृत्यु : दो

शरारती उद्‌दंड बालक-सी
आती बाद में है
बहाना गढ़ लेती है पहले
उम्र पक गई थी इसीलिए आयी वह
कि स्टोव पर गिर गया था पल्लू
कि नियंत्रण छूट गया था
स्टीयरिंग से चालक का
झाँक रहा था छठी मंज़िल से
झोंक में गिरा इसलिए

आजिज़ आ चुके हैं
इस बहानेबाज़ी से हम
मास्साब देखो इसकी हरकत
कर दो क्लास में पिछली बेंच पर खड़ा
दिन भर के लिए
और तलब करो इसके गार्जियन को भी

मृत्यु : तीन

हमने अपने को नष्ट करने का
कितना सामान इकट्ठा कर लिया
किसी दूसरे के लिए कहाँ छोड़ी गुंजाइश

जुटे हैं इतिहास खोह से
इस बाज़ार समय तक इसी में हम
जो बचा सकता है हमें
मसलन प्रेम
वह इन दिनों
कर दिया गया चलन से बाहर

बदशक्ल कुछ और

चले आते हैं क़िस्से
सदियों की कोख से
लोट चौपाल पर
नल-दमयंती आल्हा कर्बला के
हुंकारों में आता जोश कुछ और
आगाह करती चली आती कहावतें
लोकगीत भी
पोपले मुँह चढ़
नर्तक की चपलता बढ़ जाती कुछ और

शक्ल आती पिता की
आदतें फिर
वह भी डाँटता बच्चों को वैसे ही
मुस्कुराते रुकता सोचता कुछ और

छनते हुए आता सब
परिष्कृत दुरुस्त होते
फिर कैसी चढ़ी आ रही यह
अठारवी सदीं इक्कीस की छाती पर
बिना छने छिन्न भिन्न करती
बदशक्ल कुछ और

राम अपने–अपने

गहरी काली रात
गर्म देह और साँसों के दायरे तोड़
पूछ ले वह
दिन भर मैं
करता हूँ जो धतकरम
एक सीढ़ी उतर जाता हूँ रोज़
हिस्सेदार इस प्रपंच में तुम भी हो न

कुनमुनाते वह
निकले नहीं सपनों से बाहर
तुम भी क्या कभी भी
कोई भी बात
बच्चों को छोड़ो
होमवर्क कर सोये हैं अभी-अभी
और सपनों की चादर तान
बिला जाये उसमें

चूक गये यहीं पर हम
तथागत की तरह नहीं छोड़ जा सकते अर्धरात्रि
न ही अंगुलमाल की तरह
गृहस्थी को मरा-मरा छोड़

रहते इसमें ही जूझना है
खोजना है अपने-अपने राम

समय

रेतघड़ी में धीरे-धीरे
दूसरे खाने में जमा हो रहा है
खिसल रहा है पहले खाने से
दूसरे कमरे में
घर्र-घर्र बज रही है बाबा की नाक
जवानी में यही नाक राजकपूर से मिलती थी
नाक नहीं बज रहा है यह समय
अदृश्य यह पकड़ नहीं आता
मेरी जवान आँखों
चढ़ता-बोलता बूढ़ी आँखों पर
हँसता पोपले मुँह
मोतियाबिंद से झाँकता

चूजे ने चोंच मारी
दरार पड़ी इसमें
चूजा नहीं आया यही बाहर

पहली और दूसरी डुबकी के बीच
नदी बढ़ गयी जितनी आगे
उतना ही समय भी

ठंडापन

ठंडे बस्ते में फ़ाइल जाने से भी
ज़्यादा ख़तरनाक है यह
इस्तेमाल किया जा सकता है इसे
एक हथियार की तरह भी
कि जहाँ बहुत गर्मजोशी से
मिलाना चाहिए था हाथ
वहाँ झाँकने लगे यह तो
सम्बन्धों में आते इसे देर से नहीं लगती
बर्फ़ भी गरम होती है तासीर में
पर यह गर्माहट निचोड़
पोर-पोर में फैल जाता है ख़ुद
शक्ति बाँटने वाले तमाम विज्ञापन
निज़ात नहीं दिला सकते इससे
कि ज्ञानी जी ठीक कहते है
यह दूसरे के बाद में मारता है
पहले हमें ही डसता है हमारा ठंडापन

●●●